Gunter Preuß

Hundegeschichten

Zeichnungen von Philip Hopman

Loewe

Der Umwelt zuliebe ist dieses Buch
auf chlorfrei gebleichtem Papier gedruckt.

ISBN 3-7855-3645-3
© 2000 Loewe Verlag GmbH, Bindlach
Ungekürzte Jubiläums-Sonderausgabe der 1996 erschienenen
Leselöwen-Hundegeschichten
Umschlagillustration: Philip Hopmann

Inhalt

Wackeldackel

„Hurra!", ruft Anja. „Ich bekomme einen Hund!"

Seit einer Ewigkeit wünscht Anja sich einen Hund. Jeden Tag hat sie die Eltern angebettelt ihr einen zu schenken. Endlich haben Vater und Mutter nachgegeben. Aber Anja musste fest versprechen, dass sie sich um ihn kümmert: spazieren gehen, füttern, streicheln, zum Tierarzt bringen und vieles mehr.

Es ist Sonntagmorgen. Anja zieht die Eltern zum Fahrradschuppen. Sie hängt sich die neue Hundeleine um den Hals. Und Vater muss einen Korb auf seinen Gepäckträger nehmen. Mutter liest aus einer Zeitung Adressen von Leuten vor, die Hunde verkaufen.

„Ich will alle Hunde sehen!", ruft Anja. „Egal, ob sie dick oder dünn, groß oder klein sind!"

Die drei fahren los.

Vor einem Bauernhof steigen sie von den Rädern.

Anja hämmert mit den Fäusten an das Tor. Aus dem Hof ist dröhnendes Gebell zu hören. Ein Mann öffnet das Tor.

„Ja, wo brennt es denn?", fragt er.

„Ich will meinen Hund abholen!", ruft Anja.

Mutter spricht mit dem Mann. Der nickt und führt die drei über den Hof zu einem Zwinger. Eine Bernhardinerhündin drückt ihren mächtigen Kopf gegen die Eisenstäbe. Vier wuschelige Welpen umspringen die Hunderiesin.

„Die nehme ich", sagt Anja begeistert. „Alle vier."

Aber Vater und Mutter gehen mit Anja ohne Hund vom Hof. Vater sagt: „Ein Bernhardiner ist zu groß für unsere kleine Wohnung."

Anja schluckt ein paar Tränen hinunter. Sie tritt kräftig in die Pedale um recht schnell zu ihrem Hund zu kommen.

Mutter nennt die nächste Adresse Vater klingelt an der Haustür. Dahinter ertönt wütendes Kläffen. Eine Frau öffnet die Tür. Anja ist sofort von einer Meute kleiner langhaariger Hunde umringt. Sie tragen Schleifen aus bunten Bändern zwischen den Ohren. Die Hundezwerge schnüffeln, springen an Anja hoch und lecken ihr die Hände.

„Seid ihr aber süß", sagt Anja. „Euch nehme ich alle mit."

„Das sind reinrassige Yorkshireterrier", sagt die Frau stolz.

Doch auch von hier fahren die Eltern und Anja ohne Hund weg.

Mutter sagt: „Diese Rasse ist für uns viel zu teuer."

Anja und ihre Eltern schauen sich noch viele Hunde an. Anja findet alle wunderschön. Sie würde jeden mit nach Hause nehmen. Aber der Afghanische Windhund rennt seinen Leuten gern davon.

Der Wachtelhund gehört in die Hand eines Jägers.

Der Affenpinscher kläfft zu viel.

Und ein Schäferhund sollte eine Aufgabe haben.

Es wird dunkel. Die drei sind auf dem Nachhauseweg. Das Körbchen auf Vaters Fahrrad ist noch immer leer. An der Leine fehlt der Hund. Nun rollen Anja die Tränen übers Gesicht.

„Fahren wir doch noch zum Tierheim", schlägt Mutter vor.

Im Tierheim bellt, miaut und zwitschert es. Ein Mann führt die drei zu all den Tieren, die ein Zuhause suchen. Neben Katzen und Vögeln gibt es auch Hunde.

Aus großen dunklen Augen schauen sie durch die Gitter. Jeder scheint Anja zu bitten: „Nimm mich doch mit!"

Aber nur für einen von ihnen ist Platz in der Wohnung. Anja muss sich entscheiden. Das ist schwer. Schließlich nimmt sie einen kleinen Strolch auf die Arme.

„Ach, mein Wackeldackel", sagt sie zärtlich. „Kommst du mit mir?"

Der Hund schmiegt sich an sie. Anja fühlt sein Herz heftig klopfen. Sie legt ihren Hund an die Leine, setzt ihn in das Körbchen und sagt zu den Eltern: „Jetzt aber ab nach Hause. Wackeldackel will sein Abendessen haben."

Der Höllenhund

Sven ist mit seinen Eltern aus der Stadt in das Dorf Himmelreich gezogen. Sie bewohnen ein kleines weißes Haus mit einem großen Garten.

Doch Sven hockt immer nur in seinem Zimmer. Seine Eltern schimpfen. Sie sagen, er soll an die frische Luft gehen und mit den anderen Kindern spielen.

Wenn Sven die Kinder draußen lachen hört, rennt er zum Fenster.

Aber dann sieht er auch wieder den Hund im Hof des Nachbarn.

Und der riesige schwarze Hund sieht ihn. Er knurrt, bellt, fletscht die Zähne, reißt an der Kette und tut so, als wolle er über die Hecke springen.

„Der Höllenhund!", ruft Sven und zieht die Gardine wieder vor das Fenster. Sofort verstummt das Gebell.

Sven möchte gern das Dorf entdecken. Er kennt bisher nur das Großstadtleben.

Er ist neugierig auf die Menschen hier. Vor allem auf die Kinder. Er will in Himmelreich neue Freunde finden. Gern würde Sven auf den Wiesen herumtollen. Und bei der Hitze möchte er im Waldsee baden. Aber Sven wagt sich nicht aus dem Haus. Der Höllenhund ist ein gar zu fürchterliches Biest.

Sven ist es langweilig im Haus. Er nimmt all seinen Mut zusammen. Obwohl es Hochsommer ist, zieht er sich wie im Winter an: Stiefel, Thermoanzug, Schal und Fellhandschuhe. Auf den Kopf stülpt er sich Vaters Motorradhelm. Der Höllenhund hängt zwar an einer Kette. Aber für ihn ist es sicherlich eine Kleinigkeit şich loszureißen und über die Hecke zu springen.

Sven schleicht aus dem Haus. Aber kaum betritt er den Garten, beginnt der Höllenhund wütend zu bellen und an der Kette zu reißen. Der Junge bekommt das große Zittern. Aber er will nicht zurück in

sein Zimmer. Er will sich allerdings auch
nicht vom Höllenhund fressen lassen.

Also setzt Sven sich in die offen
stehende Haustür und beginnt mit dem
Höllenhund zu sprechen. Er schwitzt und
stottert.

„Ich bin es doch nur. Der Sven. Ich kenne
dich, du bist der Höllenhund. Was hast
du denn gegen mich?"

Der Höllenhund bellt etwas leiser. Er
hält den Kopf schief, als ob er versuchen
wollte den Jungen besser zu verstehen.

„Ich gebe es ja zu, Höllenhund. Ich habe
Angst vor dir. Du bist viel größer und
stärker als ich. Sei doch bitte nicht gar
so fürchterlich."

Sven rutscht sitzend immer näher an die Hecke heran. Der Höllenhund fletscht nicht mehr die Zähne. Er knurrt nur noch.

„Du bist ein Riesenschnauzer. Papa hat das gesagt. Ein Wachhund bist du. Aber du musst doch nicht immer so böse und wütend sein, oder?"

Sven sitzt jetzt ziemlich dicht an der Hecke. Der Höllenhund ist still und steht ganz ruhig.

Sven nimmt den Motorradhelm ab, steht auf und kramt einen Keks aus seiner Jackentasche. Er bricht ihn in der Mitte auseinander. Die eine Hälfte steckt er sich in den Mund, die andere Hälfte streckt er dem Hund hin.

Sven hält die Luft an. Aber der Höllenhund schnappt nicht nach seiner Hand. Er schnüffelt am Keks, nimmt ihn ganz vorsichtig aus Svens Hand.

„So ist es brav", sagt Sven. Vorsichtig steht er auf und geht zurück ins Haus. Stiefel, Thermoanzug und Handschuhe zieht er aus. Jetzt kann er endlich mal ins Dorf gehen. Als er am Abend zurückkommt, fühlt er sich in Himmelreich schon fast zu Hause. Er hat mit den Kindern Fußball gespielt und am Klettergerüst geturnt. Aber am schönsten ist es, dass der Höllenhund ihn schwanzwedelnd empfängt.

Von nun an spricht Sven jeden Tag mit dem Hund. Er erfährt vom Nachbarn, dass der Höllenhund eigentlich *Schwarzer* heißt.

Bald wartet Schwarzer immer schon auf Sven. Seine Freude über ein Wiedersehen wird täglich größer.

Eines Tages nimmt Sven Schwarzer an die Leine. Und die beiden spazieren durch das schöne Himmelreich. Im Waldsee baden sie zusammen und auf den Wiesen schlagen sie Purzelbäume.

„Weißt du was?", sagt Sven. „Ich mag dich, du Höllenhund."

„Wuwuwuuu!", bellt Schwarzer, was heißen soll: „Ich dich doch auch, du Mensch!"

Antonia von Rosenstrauch

Susi ist zur Geburtstagsfeier eingeladen. Tante Maja wird vierzig Jahre alt. So alt wird kein Mensch, denkt Susi. Aber ihre Tante anscheinend doch.

Tante Maja ist eine Dame. Sie ist ganz vornehm und achtet sehr auf gutes Benehmen. Sie sagt zu Susi: „Sitz gerade, mein Kind." Kaum sitzt Susi gerade, sagt die Tante: „Schließe bitte den Mund beim Kauen." Susi presst den Mund zusammen. Aber schon verlangt die Tante: „Blas die Backen nicht so auf."

Susi springt auf. Sie hat genug vom Kaffeetrinken und vom guten Benehmen. „Tante Maja, darf ich deinen ulkigen Hund ausführen?", fragt sie.

Die Tante bekommt einen roten Kopf. „Also hör mal. Meine Antonia von Rosenstrauch ist eine reinrassige Zwergpudelhündin! Sie gehört zum Hochadel der Pudelzucht!"

Die adelige Pudelhündin sitzt wehmütig
auf dem Stuhl neben Tante Maja. Sie
ist blütenweiß und frisch gepudert.
Antonia von Rosenstrauch duftet nach
französischem Parfüm. Sie trägt ein
schwarzes Samthalsband. Ihre Haarkrone glitzert golden.

„Ist in Ordnung", sagt Susi. „Antonia ist
die Größte. Darf ich sie nun ausführen?"

Die Tante nickt gnädig. Sie reicht Susi
eine rote Leine und sagt: „Und geh nur

auf sauberen Wegen. Meine Antonia ist gegen Schmutz sehr empfindlich."

Tante Maja gibt Antonia einen Abschiedskuss. Endlich dürfen Susi und die Hündin die Wohnung verlassen. Auf der Straße holt Susi tief Luft. So eine vornehme Tante ist schon ziemlich anstrengend.

Susi führt Antonia von Rosenstrauch durch das Wohnviertel. Die Wege sind pieksauber. Kein Problem. Und die Pudelhündin weicht tatsächlich jedem Staubkörnchen aus.

„Mensch, bist du gut erzogen", sagt Susi. „Das ist ja langweilig. Komm, wir rennen mal."

Anfangs muss Susi die Hündin an der Leine hinterherziehen. Aber bald bekommt Antonia Spaß am Rennen. Sie macht große Sprünge und beißt in die Leine. Plötzlich sind die beiden in einer Pfütze gelandet.

„Himmel!", ruft Susi. „Jetzt sehen wir aber blöd aus!"

Aber weiter geht die wilde Jagd. Die Wege sind nun nicht mehr sauber. Im Park balgen die beiden sich in einem Laubberg. Dann geht es die nasse Rutschbahn hinunter. Und in einer großen Pfütze springen sie, dass es nach allen Seiten nur so spritzt.

„Hallihallo, das macht froh!", ruft Susi und lacht.

„Wawawawa!", bellt Antonia zustimmend.

Es wird bereits dunkel. Susi und Antonia rennen zur Wohnung zurück. Da bleibt

die Pudelhündin ruckartig stehen und starrt auf einen Abfallhaufen.

„Pfui!", ruft Susi.

Aber es ist schon zu spät. Antonia von Rosenstrauch hat sich auf den Rücken geworfen und wälzt sich voller Wonne im Dreck. Sie strampelt mit den Beinen und quiekt wie ein vergnügtes Ferkel.

Endlich springt Antonia wieder auf die Beine und schüttelt sich. Dann setzt sie

sich vor Susi und hebt die Vorderpfote, als ob sie um Verzeihung für ihr schlechtes Benehmen bitten will.

„Passiert ist passiert", sagt Susi. „Nun aber Tempo. Sonst reißt Tante Maja mir den Kopf ab."

Als Tante Maja die beiden sieht, schlägt sie die Hände über dem Kopf zusammen. Zum ersten Mal ist sie sprachlos. Aber das hält nicht lange an. Dann stößt sie einen spitzen Schrei aus und schimpft los.

„Wie seht ihr denn aus! Antonia, mein Kind! Du musst ja dein gutes Benehmen völlig vergessen haben! So schmutzig! Und du stinkst ja wie ein …!"

„Wie ein Schwein", ergänzt Susi. „Aber uns geht es wunderbar."

„Wawawawa", bestätigt Antonia von Rosenstrauch.

Den ganzen Abend ist Tante Maja damit beschäftigt Antonia von Rosenstrauch wieder zur schönsten Pudelhündin der Welt zu machen. Antonia wird gebadet, geföhnt, gekämmt und gepudert. Ihre Haarkrone wird steil gebürstet und sie wird von vorn und von hinten mit französischem Parfüm besprüht.

Nun sitzt Antonia von Rosenstrauch wieder blütenweiß auf ihrem Stuhl. Susi flüstert ihr zum Abschied zu: „Gehen wir wieder einmal zusammen spazieren?"

„Wawawawa", bellt Antonia leise. „Aber ja, bitte."

Der Hundekampf

„Du bist ja unheimlich bekloppt!"

„Und du bist total behämmert!"

Das sind Paul und Ralf. Sie treffen sich jeden Tag. Aber wenn sie zusammen sind, dann streiten sie. Und bald balgen sie sich sogar.

Doch bis jetzt konnte keiner den anderen besiegen. Paul will einmal Olympiasieger im Ringkampf werden. Und Ralf sieht sich schon als Weltmeister im Boxen.

Beide haben einen Hund. Paul eine stämmige englische Bulldogge, die heißt Wumme. Und Ralf hat einen kräftigen deutschen Boxer. Den nennt er Hammer. Wumme und Hammer geht es wie ihrer Herrchen. Sie können einander nicht riechen. Schon wenn sie sich nur von weitem sehen, bellen sie, reißen an der Leinen und stellen sich auf die Hinter- beine.

Ralf sagt zu Paul: „Siehst du nun
endlich ein, dass ich der Stärkere bin?"

„Überhaupt nichts sehe ich ein",
entgegnet Paul. „Denn am stärksten bin
immer noch ich."

„Damit ist jetzt Schluss", sagt Ralf. „Wir
werden das auskämpfen. Du kannst
ringen. Ich werde boxen."

„Einverstanden", sagt Paul. „Der Kampf
soll am Sonntag auf der Wiese
stattfinden. Aber ich bringe Wumme mit."

„Hammer wird auch dabei sein. Die Hunde sollen im Vorkampf gegeneinander antreten."

Paul und seine englische Bulldogge trainieren jeden Tag. Paul macht Liegestütze und Kniebeugen. Er nimmt Wumme in den Schwitzkasten.

Sein Hund muss kilometerweit neben dem Rad herlaufen, obwohl er lieber in seinem Korb liegen und schnarchen würde.

Inzwischen boxt Ralf gegen seinen Boxer. Beide tragen einen Kopfschutz.

Ralf boxt Haken, Schwinger und linke und rechte Geraden. Und Hammer trommelt mit den Vorderpfoten in die Luft. Er muss nach Luftballons springen um seine Muskeln zu trainieren.

Endlich ist es Sonntag. Unter den Kindern hat es sich herumgesprochen, dass zwischen Paul und Ralf ein Entscheidungskampf stattfinden soll. Sie sind alle auf die Wiese gekommen.

Die einen rufen: „Paul! Paul!"

Die anderen schreien: „Ralf! Ralf!"

Paul und Wumme haben einen Ringeranzug an. Ihnen gegenüber stehen Ralf und Hammer. Ralf hat riesige Boxhandschuhe über die Fäuste gezogen. Und Hammer steckt in schwarzen Boxershorts.

Ralf springt sich warm. Er ruft: „Ich mache Pflaumenmus aus Paul!"

Paul übt den klassischen Schulterwurf. Er ruft zurück: „Wenn ich mich auf Ralf werfe, ist er platt wie eine Briefmarke!"

Die Hunde springen wild umher. Sie beißen vor Wut in die Leinen. Ihr Rückenfell steht steif wie eine Bürste.

„Anfangen!", schreien die Zuschauer.

Paul und Ralf führen die tobenden Hunde zum Vorkampf. Sie ermahnen sie noch einmal nach den Regeln zu kämpfen. Dann lassen sie die beiden von der Leine.

Hammer und Wumme schießen aufeinander los. Mit aufgerissenen Mäulern. Gleich müssen sie zusammenprallen. Aber kurz voreinander stoppen sie ihren Lauf.

„Leg das Großmaul aufs Kreuz!", ruft Paul.

„Einen rechten Haken auf die Schnüffelnase!", ruft Ralf.

„Wir wollen was sehen!", schreien die Zuschauer.

Aber was passiert denn da mit den beiden Kämpfern? Ralfs deutscher Boxer und Pauls englische Bulldogge stehen

dicht nebeneinander. Beiden haben ihr Stummelschwänzchen erhoben. Sie beschnüffeln einander ausgiebig am Hinterteil. Langsam beginnen ihre Schwänzchen zu wedeln. Schließlich wackeln sie flink hin und her.

Wumme springt zur Seite. Er streckt seine Vorderpfoten, drückt den mächtigen Kopf ins Gras und reckt den Hintern in die Höhe.

Hammer springt um Wumme herum. Die beiden Hunde bellen fröhlich. Sie spielen Fangen und wälzen sich fröhlich. Und schließlich jagen sie einem Ball hinterher.

Paul und Ralf sind erst einmal sprachlos. Jetzt haben auch sie keine Lust mehr einander blaue Augen zu boxen. Für den Moment wissen sie nicht, was sie tun sollen.

Schließlich rennen sie ihren Hunden und dem Ball hinterher.

Der Schuhdieb

„Immer ich!", ruft Fanny. „Warum sollte ich deinen blöden Schuh verstecken?"

„Mein Schuh ist nicht blöd", entgegnet die Mutter. „Er ist neu und war teuer."

Fannys Mutter steht in einem Schuh und rudert mit den Armen.

Die Familie durchsucht das ganze Haus.

Das ist nun schon der dritte Schuh, der verschwunden bleibt: ein Winterstiefel von Papa, eine Sandale von Fanny und nun Mamas roter Absatzschuh.

„Hexerei", sagt Fanny. „Da kann man nichts machen."

Aber Geheimnisse lassen Fanny keine Ruhe. Sie ist viel zu neugierig. Also spielt Fanny Detektivin. Das wäre doch gelacht, wenn sie Mamas roten Schuh nicht wieder findet.

Zum Aufspüren kann Fanny eine erstklassige Schnüffelnase gebrauchen. Strolch hat eine. Er ist der Hund des Nachbarn. Strolch treibt sich Tag und Nacht in der Siedlung herum. Sein Besitzer kümmert sich nicht um ihn. Manchmal sperrt er Strolch in den Zwinger. Aber da heult der struppige Hund, bis er wieder frei ist.

„Hör mal, Strolch", sagt Fanny. „Willst du mir bei der Suche nach Mamas Schuh helfen? Dafür bekommst du eine dicke fette Wurst."

„Wu." Der kleine Herumtreiber ist einverstanden.

„Dann wollen wir uns an die Arbeit machen", sagt Fanny. Sie setzt sich eine von Vaters karierten Mützen auf und steckt sich eine Schokoladenzigarette zwischen die Lippen. Jetzt sieht sie dem berühmten Detektiv Sherlock Holmes schon sehr ähnlich.

Fanny hält dem Hund Mamas neuen Schuh unter die Schnüffelnase.

Sie ruft: „Such den anderen Schuh, Strolch! Such, such, such!"

Strolch saust los. Fanny hat Mühe ihm zu folgen. Vor der Metzgerei macht Strolch brav Sitz. Er hebt bittend die Vorderpfote.

„So nicht, du kleiner Schweinehund", schimpft Fanny. „Zuerst will ich den Schuh haben. Dann bekommst du die Wurst. Also such!"

Strolch bellt enttäuscht. Dann rennt er weiter. Immer der Nase nach. Wieder bleibt er stehen. Diesmal vor der Konditorei, aus der es nach Kuchen duftet.

„Überredet", sagt Fanny. Frisch gebackenem Quarkkuchen kann auch sie nicht widerstehen. Sie kauft ein Stück und teilt es gerecht: eine Hälfte für sie, die andere für ihren Partner. Die beiden setzen sich auf die Ladentreppe und futtern.

„Nun aber weiter", beendet Fanny die Frühstückspause. „Such! Such den roten Schuh!"

Strolch rennt sofort los. Bis zum Ententeich. Dort trinkt er erst einmal ausgiebig. „Weiter! Such!", drängt Fanny. „Wir müssen den roten Schuh finden!"

Strolch rennt aufgeregt hin und her. In jeder Ecke schnüffelt er. An jedem Baumstamm hebt er das Bein. Schließlich wird es dunkel. Vom roten Schuh keine Spur. Und Fanny kann kaum noch die Beine bewegen. Sie ist so müde, als wäre sie dreimal um die ganze Welt gerannt.

Aber so schnell gibt Fanny nicht auf. Sie gähnt und sagt: „Gute Nacht, Strolch. Morgen suchen wir weiter."

Am nächsten Morgen springt Fanny früh aus dem Bett. Statt des roten Schuhs muss sie erst einmal Strolch suchen. Keiner weiß, wo der sich gerade herumtreibt. Endlich findet sie ihn. Vor Überraschung vergisst sie mit ihm zu schimpfen.

Strolch schnarcht unter einem Busch. Er liegt in einem Bett aus Schuhen. Es sind große und kleine Schuhe, braune und schwarze, alte und neue. Da sind auch Vaters Winterstiefel und Fannys Sandale. Und unter seinem Kopf liegt Mamas roter Schuh.

Also ist Fannys Partner der Schuhdieb!
Fanny will schon losschimpfen. Aber da
schaut Strolch sie aus großen Augen
bittend an. Und Fanny versteht ihn.
Strolch hat kein richtiges Zuhause. Keiner
streichelt ihn. Jeder schimpft mit ihm. Da
hat er sich gegen das Alleinsein die
Schuhe zusammengetragen, die nach
Mensch riechen.

Fanny kniet sich neben Strolch. Sie legt ihm die Hand auf den Kopf und sagt: „Nun pass mal auf, Partner. Du klaust keine Schuhe mehr. Und ich werde mich um dich kümmern. Einverstanden?"

„Wu!"

Da bekommt Fanny einen dicken Hundekuss auf die Nase.

Wie Hund und Katze

Laura und Max sind befreundet. Die
beiden gehen zusammen, seit sie aus
den Windeln sind. Noch keine Minute
waren sie einander böse. Fast alles tun
sie zusammen: Fahrrad fahren, Kirschen
klauen, Bücher lesen, Papierschiffchen im
Bach schwimmen lassen und am Klettergerüst kopfüber hängen.

Für Laura und Max steht fest: Sie werden später heiraten. Immer wollen sie zusammen sein und zehn Kinder haben.

Das wäre alles gut und schön, wenn nicht noch jeder einen größten Wunsch hätte. Aber diesmal möchte Max etwas anderes als Laura. Er wünscht sich eine schwarze Katze mit grünen Augen. Und Laura will einen weißen Hund mit braunen Augen.

Laura sagt: „Mensch, Max, zu zweit ist es schön. Zu viert wäre es wunderschön."

„Mensch, Laura. Wir hätten mindestens doppelt so viel Spaß."

Doch ein Hund und eine Katze fallen nicht vom Himmel. Max sagt zu Lauras Eltern: „Laura muss einen weißen Hund mit braunen Augen haben. Ohne ihn kann sie nicht mehr leben."

Und Laura geht mit zu Max' Eltern und sagt: „Max braucht unbedingt eine schwarze Katze mit grünen Augen. Sonst wird er todunglücklich."

Die Eltern sagen nicht ja und auch nicht nein. Ein paar Wochen vergehen. Laura und Max sind schon ganz kribbelig. Doch dann bekommen sie am selben Tag ein Hündchen und ein Kätzchen geschenkt.

Nun ist die Freude groß. Das Hündchen ist wolkenweiß und hat kastanienbraune Augen. Es drückt seinen Kopf an Lauras Brust.

Das Kätzchen ist rabenschwarz und hat grasgrüne Augen. Es schnurrt in Max' Armen.

„Du sollst Wuschel heißen", sagt Laura zu ihrem Hündchen.

„Dich nenne ich Maffi", sagt Max zu seinem Kätzchen.

Und dann fährt Max mit dem Rad zu Laura. Aber Lauras Wuschel knurrt sein Kätzchen an. Und Max' Maffi faucht, als sie das Hündchen sieht. Da zwickt Wuschel der Maffi ins Ohr. Und Maffi haut dem Wuschel ihre Krallen auf die Nase.

Laura schreit: „Du hast aber eine gemeine Katze!"

Max schreit: „Dein Hund ist ja bissig!"

Plötzlich haben sie ihren ersten Streit. Sie beschimpfen einander, sie schreien und streiten und rennen dann auseinander. Max ruft: „Ich will dich und deinen doofen Hund nie wieder sehen!"

Laura schreit: „Auf dich und deine blöde Katze kann ich sowieso gut verzichten!"

Max und Laura sehen sich mehrere Tage nicht. Anfangs fällt es ihnen nicht schwer. Sie haben beide noch jede Menge Wut im Bauch. Aber von Tag zu Tag wird die Sehnsucht größer. Und eines Morgens wachen die beiden auf und wissen: Heute müssen wir uns wieder sehen!

Laura rennt zu Max und Max rennt zu Laura. Auf der Straße treffen sie sich.

„Mensch, Laura! Da bist du ja endlich!"

„Mensch, Max! Wo warst du denn so lange!"

Die beiden sind ohne Hündchen und Kätzchen gekommen. Sie beratschlagen, wie sie zu viert miteinander auskommen können.

„Da hilft nur Erziehung", meint Laura.

„Maffi und Wuschel müssen jede Menge lernen", meint Max.

Und so machen sie es. Jeden Tag müssen Hündchen und Kätzchen zum Unterricht. Laura und Max sind die Lehrer. Sie sagen: „Wuschel und Maffi. Aufgepasst! Ihr sollt lernen, wie man einander gern hat."

Wuschel bellt und zeigt die Zähne. Und Maffi faucht und wetzt die Krallen. Aber jeden Tag fauchen und knurren die beiden sich schon ein bisschen weniger an. Laura und Max versuchen es mit gut Zureden und viel Streicheln. Und wenn Hündchen und Kätzchen doch wieder Zähne und Krallen zeigen, gibt es eine

Strafe: Wuschel wird der geliebte Knochen weggenommen und Maffi bekommt keine süße Sahne zu schlecken. Doch für gute Freundschaft gibt es einen Happen Wurst.

Eines Tages ist es soweit: Hündchen und Kätzchen beschnuppern sich ausgiebig. Dann geben sie sich ein Küsschen. Nun können die Lehrer Laura und Max etwas von ihren Schülern Wuschel und Maffi lernen. Und sogleich probieren sie auch einen Kuss aus: „Schmatz!"

Der alte Zottel

Moritz lebt auf einem Bauernhof. Hier hat er eine Menge Tiere um sich: Hühner, Kühe, Schweine, Pferde … Er hat sie alle gern. Selbst die frechen Sperlinge.

Aber am liebsten ist ihm Zottel. Das ist der Hofhund und sein bester Freund. Schon als Baby hat Moritz sich an Zottels Fell geklammert und sich an ihm hoch-gezogen. Mit Zottels Hilfe hat er laufen gelernt. Tag und Nacht hat der Hund den Jungen beschützt.

All die Jahre haben sie zusammen gespielt. Sie sind über Wiesen und Felder gerannt. Im Dorfteich hat Zottel Moritz das Schwimmen beigebracht. Und wenn jemand dem Jungen etwas Böses tun wollte, hat der große Hund warnend geknurrt.

Jeden Morgen bürstet Moritz Zottel das lange Fell. Die beiden drücken die Köpfe aneinander und der Junge flüstert dem

Hund ins Ohr: „Zottel, du bist mein Bester. Ich hab dich lieb." Da streckt sich der Hund und schnurrt wie ein Kätzchen.

Nach dem Schmusen will Moritz spielen. Er wirft einen Stock zum Hoftor hinaus und ruft: „Bring, Zottel!"

Aber Zottel bleibt vor seiner Hütte liegen. Er lässt sich von der Sonne wärmen. Sein Kopf ruht auf den Vorderpfoten, seine Augen blinzeln müde.

„Keine Lust?", fragt Moritz. „Komm, dann gehen wir spazieren."

Zottel steht mühsam auf. Langsam trottet er dem Jungen hinterher. Als Moritz rennt, bleibt der Hund zurück. Obwohl es heiß ist, will Zottel nicht im Dorfteich schwimmen. Und beim Fußballspiel liegt er faul im Tor und lässt jeden Schuss hinein. Schließlich geht Moritz wütend nach Hause.

„Null zu zehn verloren, durch deine Schuld, Zottel!"

Der Hund legt sich vor seine Hütte. Und ist sofort eingeschlafen. Moritz ist enttäuscht. In letzter Zeit ist Zottel kaum noch von seiner Hütte wegzubringen. Mit ihm ist nichts mehr anzufangen. Er will nur noch in der Sonne faulenzen.

Am nächsten Morgen ruft Moritz: „Komm, Zottel! Heute werden wir das Fußballspiel gewinnen!"

Aber Zottel will seinen Sonnenplatz nicht verlassen, so viel Moritz auch bittet und schimpft, der Hund schaut ihn nur mit traurigen Augen an.

„Ein schöner Freund bist du!" Moritz
rennt allein vom Hof. Den ganzen Tag ist
er im Dorf unterwegs. Er spielt mit seinen
Freunden Fußball. Sie fahren in einer
Badewanne über den Teich. Am Wald-
rand beobachten sie ein Habichtpärchen.
Und vor Bertrams Laden essen sie
Fruchteis.

Aber was der Junge auch tut, bei allem
fehlt ihm Zottel. Als Moritz zum Bauernhof zurückkehrt, wartet Zottel vor dem
Tor. Schwanzwedelnd begrüßt er den
Jungen. Aber Moritz geht an Zottel vorbei,
als würde er ihn nicht kennen. Da zieht
der Hund den Schwanz ein, verkriecht
sich in seiner Hütte und heult leise.

Nun kommen auch Moritz die Tränen.
Aber er denkt: Strafe muss sein. Warum
auch lässt sein Freund ihn den ganzen
Tag allein.

Beim Abendbrot fragt Vater: „Was ist
denn mit dir und Zottel? Streit gehabt?"

„Ich weiß nicht", antwortet Moritz.

„Zottel ist nicht mehr mein Zottel. Er will nicht mehr mit mir spielen. Er will nur noch vor seiner Hütte liegen."

„Zottel ist alt", sagt der Vater. „Da kann er nicht mehr so herumtollen. Er braucht jetzt viel Ruhe. Gib ihm zurück, was du von ihm bekommen hast."

„Was habe ich denn von Zottel bekommen?"

„Liebe", sagt Mutter. „Zottel war immer für dich da."

Am Morgen bürstet Moritz Zottel besonders lange das Fell. Die beiden drücken ihre Köpfe aneinander. Und Moritz sagt: „Zottel, mein Alter. Du weißt doch, dass ich dich sehr lieb habe. Du bist und bleibst mein Freund."

Zottel wedelt mit dem Schwanz und leckt dem Jungen die Hand. Und dann gehen die beiden ins Dorf. Während Moritz mit seinen Freunden herumtollt, liegt Zottel in der Nähe und passt auf. In den Spielpausen legt Moritz sich zu Zottel. Und sie brummen, dass es ihnen wohlig warm wird.

Leselöwen

ABC-Geschichten
Computergeschichten
Delfingeschichten
Detektivgeschichten
Dinosauriergeschichten

Feriengeschichten
Freundschaftsgeschichten
Fußballgeschichten
Geistergeschichten
Gespenstergeschichten

Gruselgeschichten
Hexengeschichten
Hundegeschichten
Indianergeschichten
Kuschelgeschichten

Für den
löwenstarken
Lesehunger!

Schulklassengeschichten
Seeräubergeschichten
Tiergeschichten
Unsinngeschichten
Vampirgeschichten

Lachgeschichten
Ponygeschichten
Räubergeschichten
Rittergeschichten
Schulgeschichten